Sternenstaub im Gezeitenmeer

Seelenfenster

————————————————————

Lyrikband

von

Beate Hefler

Das Buch

Sternenstaub im Gezeitenmeer – Seelenfenster

In einer Bandbreite stilistisch unterschiedlicher Texte und Bilder versteht es die Autorin Beate Hefler, die ganze vielschichtige Erlebniswelt der menschlichen Seele widerzuspiegeln.

Ihre gewaltige Wortgewandtheit erreicht die eigenen Tiefen der Seele und berührt auf heilbringende Weise.

Wortneuschöpfungen regen die Phantasie an und die Reise beginnt. Wohin führt diese? Gedanken und Gefühle sind bekanntlich frei.

Die Autorin

Geboren 1971 in Ingolstadt.

Beginn der literarischen Tätigkeit mit 12 Jahren, zunächst im Bereich Lyrik. Stetige Weiterentwicklung des schriftstellerischen Bereichs.

Beschäftigung mit Fotografie seit dem 15. Lebensjahr in der Absicht, Fotos und Gedichte miteinander in Verbindung zu bringen.
Seither Aufnahme von Lichtzeichnungen mit der Spiegelreflexkamera, um flüchtige Stimmungen auf dem Film einzufangen.

Freischaffende Künstlerin seit Oktober 2005 und Selbstständigkeit „Kunst & Computer & mehr".

Sternenstaub im Gezeitenmeer

Seelenfenster

_____

Lyrik und Fotografie

von

Beate Hefler

Danke Mam !

Text Copyright © 2009 by Beate Hefler

Fotografien Copyright © 2009 by Beate Hefler

Umschlaggestaltung und Layout: Beate Hefler

2. überarbeitete Auflage 2015

ISBN 978-3-839-11274-8

Herstellung und Verlag: Books on Demand GmbH, Norderstedt

Bibliografische Information der Deutschen Bibliothek:
Die Deutsche Bibliothek verzeichnet diese Publikation in der Deutschen
Nationalbibliografie; detaillierte bibliografische Daten sind im Internet über
<http.//dnb.ddb.de> abrufbar.

Nachtgewand

Dunkelblaues Nachtgewand
Du machst dich breit
Umspannst die Welt

Laue Abendluft
Schafft Hintergrund
Seelenmalerei ist möglich

Spannst die Leinwand
Für unsere Seelen
Machst uns alle farblos gleich

Du ermöglichst uns
Uns zu befreien in deinem Schutz

Seelentanz ist möglich
Meuchelmord kann Asse ausspielen

Sternenhimmel du bist gütig
Gütig selbst in wolkenverhangenem Kleid
Ermöglichst du der Menschen Spiele
Und schaffst für Willige Möglichkeiten

Gütiger Mantel - große weite Welt
Du öffnest dein Zelt
Für Gaukler - Clowns und Messerwerfer zugleich

Deine Stunden ermöglichen
Weite und Menschlichkeit zugleich

Wir dürfen wählen
Freie oder geknechtete Seelen

Die Welt und das Leben
sind voller Wunder.

Das EGO
kann nicht zaubern.

Aber
die SEELE,
wenn du sie lässt.

******

Geschenk

Es ist nicht notwendig,
dass du die Welt mit meinen Augen siehst.

Es ist nicht wichtig,
dass du meine Art zu leben verstehst.

Es ware ein Geschenk,
wenn du akzeptierst,
dass es ist, wie es ist.

Wir reisen durch die Welt.
Sie dreht sich um sich selbst.

Drachentränen - Elfenwut

Drachentränen, Elfenwut.

Hast du das Feuerwerk am Nachthimmel gesehen
als alles schlief und die schweren Stiefel
sich in die Erde gruben?

Weine nicht mein Engel,
hab keine Angst.
Die Drachen sind müde,
aber immer noch am Leben.

Fürchte dich nicht mein Engel,
hab Vertrauen.
Die Elfen sind nicht gestorben,
sie haben sich nur zurückgezogen.

Leg dich schlafen mein Engel.
Die Weisen trocknen deine Tränen.

Der große Rat hat getagt.
Das Lebensrad ändert seine Richtung.

Die Drachen speien wieder Feuer.
Die Elfen zaubern wieder.

Das Morgenrot erhellt bald
die finstere Nacht!

Erntezeit

Die Sonnenblumen erhellen die Felder
nicht mehr mit ihrem Leuchten.

Nebelschwaden wabern wieder
über das kahle Land.

Die Zäune der Vernunft wurden
von den Tränenbächen der alten Zeiten
weggeschwemmt.

Brach liegt das Feld der Berechnungen
im Weideland der Möglichkeiten.

Die Seele pinselt Herzensbilder
an die Wände der Einsamkeit
und wärmt sich ihren Rücken
am Ofen der Herzlichkeit.

Kartoffelfeuer rauchen schwer
im Land der abgeernteten Ausbeutung.

Wasser fließt wieder den Berg hinab
und lässt sich nicht mehr
in Staudämmen bändigen.

Du

Du hast mich geboren,
hab ich dich verloren?

Vieles war schmerzlich und hat wehgetan.
Doch nichts war vergebens.

Alles war es wert.
Nichts lief verkehrt.

Ich trauere,
da unsere Berührungen jetzt enden.
Doch du bist tiefverwoben in meinem Sein.

Danke für das Leben!

Danke, dass du mir heimleuchtest!

Ausgelüftete Seelenqualen

Ausgelüftete Seelenqualen

Platzsparendgepresste Atemluft

Notenbeschwingte Lebendigkeit

Ausschnittsreduzierte Bildgenauigkeit

Wolkenverhangene Sonnenschattigkeit

Sonnenblumenbeseelte Wahrhaftigkeit

Gargekochte Begrifflichkeit

Entkorkte Lebensessenz

Antwortbefreite Fragezeichen

Recycelte Gedankenrevolution

Rudelentlaubte Einteiligkeit

Ground Zero

Ideale verherrlicht und hochgezüchtet.
Geduldet von der Gesellschaft.
Zerstörte Statussymbole.
Ausgelöschte Menschenleben.

Fanatiker lassen die Welt
erstarrt und erschrocken zurück,
für Augenblicke, Tage, für wie lange?

Selbstherrliche, überzeugte Slogans
in die Gehirne der Heimat suchenden Menschen gehämmert.

Selbstherrliche, überzeugte Slogans
bewegen die Welt,
bewegen die Gemüter,
aber nicht das Herz.

Selbstherrliche, überzeugte Slogans
lassen Wut und Ohnmacht die Oberhand gewinnen.

Solange die Menschen
dem Wahnsinn kein Ende bereiten,
dem einfachen Weg folgen,
gierig auf der Suche nach Profit,
solange haben es die
Herzen und Seelen schwer.

Der Narr

Ich wollte die Prinzessin
aus ihrem Turm befreien.

Fröstelnd durchschwamm ich
den kalten Burggraben.

Erklomm atemlos die Zinnen der Burg,
nur um festzustellen, dass die Prinzessin
auf unbegrenzte Zeit verreist ist.

Ich aß einen Apfel und sprach beim König vor.
Er bot mir die Stelle des Hofnarren an.

Meine Auftritte erheiterten die Gemüter,
hielten das Volk bei Laune.

Schonungslos schrie ich die Wahrheit hinaus
und hüpfte im bunten Gewand.

Als mein Schalk den Worten unterlag
wurde ich der Burg verwiesen.

Jetzt bin ich vogelfrei!

Die Schmerzlichkeit hat geendet
und hat sich in Herzlichkeit gewendet.
Die Notwendigkeit ließ sie ein.

******

Kaugummikauend lehnst du dich
mit dem Rücken an die Wand
und fragst dich gelangweilt,
sollst du warten,
oder dein Leben wagen.

Engel ohne Flügel

Nein, du hattest keine Flügel.
Du warst nur ein Rädchen im Getriebe.
Viel zu schnell wurdest du deiner Kindheit beraubt.

Schicksalsschläge lösten einander ab.
Deine jungen Jahre verbrachtest du mit überleben.

Du versorgtest die Alten und die Jungen, damit sie überleben.
Dein Leben stelltest du zurück. Dennoch starben viele.
Du gabst dein Leben für sie und der Tod entriss sie dir.

Du hattest keine Zeit für Trauer und Tränen.
Du fandest keine Zeit für dich.
Sie starben und dennoch hattest du kein Leben.
Dein Schmerz trieb dich in die Arme der Sicherheit.

Ich wünsche mir für dich,
dass du jetzt Zeit findest, um zu leben.

Ich wünsche dir, dass deine Hände
- Arbeitshände -
mit deiner Erlaubnis ruhen dürfen,
damit deine Augen die Fülle sehen können.

Ja, Gott ist hier. Er wacht über dir.
Oft verstehen wir seine Wege nicht.

Ich wünsche dir die Wärme der Sonne.
Ich wünsche dir die Weite der Freiheit.
Öffne dein Herz und deine Flügel.

Bitte warte auf all das nicht bis du tot bist.
Benutze deine Flügel - ich weiß - du kannst fliegen!

Eingefroren

Zu lange habe ich mich
an deinen Augen festgehalten.

In tiefen Zügen habe ich
von deinem Lachen getrunken.

Du warst einfach nur da,
weil du einfach hier warst.

Du hast meine Worte festgehalten,
um dich selbst zu spiegeln.

Meine Worte erinnerten dich
an die Leichtigkeit und daran,
dass du noch lebst.

Wir haben den Film angehalten.
- Standbild -
Die weitere Entwicklung lag
jenseits unserer Phantasie.

Ich habe den Playknopf gedrückt,
damit ich wieder weiter atmen kann!

WO BIST DU?

WO BIST DU?
Mein Herz hat sich in deiner Stimme verfangen.
Tannenzapfenfeuerwerk im Kamin
hält mein Warten warm.
Die Sonnenfarben sind von der Leinwand abgefallen.
Doch noch immer rieche ich ihre Leichtigkeit und
das Versprechen - ALLES IST MÖGLICH.
Das Gezeitennetz zieht über das Meer.
Zeitreisende gehen nicht verloren in der Unendlichkeit.
WO BIST DU?
Ich schicke dir eine Flaschenpost mit einem Lachen von mir.

Damenwahl

Dame oder Herz
was ist dein Schmerz

Kopf oder Zahl
triff deine Wahl

Steh weiter am Rand
oder trenn dich vom Tand

Der Tellerrand ist mir zu klein
werde so nicht länger sein

Die Schneeschmelze hat begonnen
mein Herz ist in deinem Lachen zerronnen

Dein Schweigen hat die Notbremse gezogen
meine Seele ist Richtung Norden geflogen

Danke fürs Aufwecken
kann dich nicht mehr zudecken

Ich springe kopfüber in den See
und befreie mich übermorgen
von allen alten Sorgen!

Semmelmeier

Deine Art zu sein
berührt mein Innerstes
bis hinab zu den Wurzeln
meines Selbst.

Hätte ich Flügel würde ich jetzt
im Aufwind segeln,
um die Schönheit des Lebens
zu feiern.

Meiner Seele ist diese Kleinigkeit
herzlich egal.
Sie erprobt schon einmal den Steigflug
in der Gewissheit, dass meine Flügel
noch rechtzeitig wachsen werden.

Bum Bum Ba

In jedem Grashalm wohnt ein Leben.
In jedem Stein schläft eine Melodie.
Jede Geburt ist auch ein Tod.
In jedem Sonnenstrahl reist auch der Winter.

Denke - wer du bist.
Wisse - was du denkst.
Denke - was du weißt.
Sei - wer du bist!

In jedem Sein reist auch die Zeit.
In jedem Geben ist auch ein Nehmen.
In jedem Weg ist eine Suche.
In jedem Herz wohnt auch ein Ziel!

Erinnerungslose Gleichgültigkeit

Erinnerungslose Gleichgültigkeit

Entwurzelte Wahrhaftigkeit

Blaugefärbte Unendlichkeit

Farbgebende Geruchlosigkeit

Herannahende Unfassbarkeit

Sommersingende Zärtlichkeit

Warmherziger Herbstgeruch

Baumummantelte Fülle

Ernsthafte Sorglosigkeit

Armausbreitende Herzlichkeit

Lautloser Fesselballonflug

RIDDLE

So viele Menschen sind einsam,
weil sie nicht bei sich selbst zu Hause sind.

So viele Menschen suchen die Sonne
und frieren, da sie nicht sind,
sondern wollen.

Sie wollen nicht sein,
sie wollen agieren.

Sie sind so traurig,
müde und leer,
weil sie sich entfernen
von sich selbst.

So viele Menschen sind heimatlos,
da sie sich nicht suchen und finden.

Sie suchen die Schuld,
Rache und Vergeltung
und finden die Einsamkeit,
die sie traurig macht.

Warum finden sie
den Weg nicht,
der sie sein lässt?

Sein,
wie sie sind.
Sein,
wer sie sind.

Farbenglanz

Farbenglanz im lodernden Lichtspiel
Wirklichkeit und Illusion
Vergangenheit und Gegenwart

Geborgen im Moment
Verbindender Weg
Geborgen im Morgen

Grauen der Dunkelheit
Enthüllt sein Gesicht

Aufgelöste Fragwürdigkeit
Zerstreut die Notwendigkeit
Horizont ist wieder möglich

Ich halte deine Hand nicht
Und es ist gut

Mein Herz
Ist deiner Seele verbunden.

Der Mondknochen

Herzensschwer lächelt der Mondknochen
über die Vergänglichkeit.

Traumgespinste gefangen im Tetrapak
der Menschengehirne.

Walnussgroße Sternenstaubschwaden
ziehen lautlos vorüber
am Möglichkeitenhimmel.

Pegasusflügel schwingen sich auf.
Ich packe die Unmöglichkeit
an ihrem Schopfe.

Offenkundige Verdrehtheit

Verdrehte Offenkundigkeit

Offenkundige Verdrehtheit

Hintergründige Vertrautheit

Vertraute Hintergründigkeit

Erlebte Traurigkeit

Entkernte Fühllosigkeit

Verbindende Traumpakete

Träumende Sprachlosigkeit

Eröffnende Traumpakete

Gewagte Schutzlosigkeit

Transformierte Lebendigkeit

Zoom

Dünnwandige Seelenverbundenheit

Tiefgreifende Weitschweifigkeit

Tränenentleerte Haltbarkeit

Grenzüberschreitende Greifbarkeit

Durchträumte Nachtlosigkeit

Notendurchflutete Schützung

Aufgehobene Rastlosigkeit

Wiesenweite Großartigkeit

Astefließende Neusichtigkeit.

Fensterblicke

Fensterblicke in die Nacht
sehen weiter als das Licht

Herzschlag der Verbundenheit
befreit sich von Schwerkraft

Weite verdrängt
den regennassen Asphalt
aus dem Blickfeld

Phantasie reicht
bis zu den Pforten
der Möglichkeiten

Wirst du
mich an der Grenze
zum Neuland abholen?

Im Rachen des Clowns

Im Rachen des Clowns,
da kitzelts und krachts,
Tränen du lachst.

Du glaubst, er macht Späße,
um andere zu erfreuen.
Was, wenn er versucht,
das Leben wiederzukäun?

Lachst du trotzdem?
Auch, wenn er hat nur Lebenswehn.

Wer lacht nun über wen?
Kannst du die Ironie des Lebens sehn?

Belebt

Berühr mich!

Berühr mich mit deinen Händen!
Berühr mich mit deinem Blick!

Deine Worte finden den Weg
in meine Seele.

Du schiebst die Wolken
vor meinem inneren Auge weg.

Ich bewege dich.

Wir sind winzige Tropfen
im Ozean des Lebens.
Im Strom der Zeit.

Ist die kurze, leise Begegnung
mit dir, mein tiefer Atemzug,
der das Universum bewegt?

.

Vielschichtige Ausweglosigkeit

Vielschichtige Ausweglosigkeit

Windzerzauste Selbstzufriedenheit

Orkanböenartige Herzlichkeit

Erdbebenbedrohte Unerschütterlichkeit

Weichgespülte Verschlossenheit

Sinnentleerte Welthaftigkeit

Traumverschleierte Alltagswelt

Willenlose Getriebenheit

Unbeantwortete Verbundenheit

Es stinkt zum Himmel

Es stinkt zum Himmel,
aber wir sagen nichts,
denn jemand hat gesagt, es ist Parfüm.

Wir fühlen uns entleert,
aber wir füllen uns nicht,
denn jemand sagt, wir müssen warten.

Wir fühlen uns flügellos und wir fliegen nicht,
denn jemand sagt, wir sind keine Zugvögel.

Wir träumen farbenprächtig
und durchbrechen die Mauer der Moral.

Es ist uns egal, was jemand sagt,
denn wir leben jetzt!

Auf der Suche
nach einem Sinn im Leben.

Kurz

Tränen
nicht geweint.

Schmerz
nicht gefühlt.

*****

Es sind unsere Glaubenssätze und Worte,
die uns zusammenhalten.

Es ist unsere Seele,
die uns beflügelt und uns Leben einhaucht.

Echolos

Wohin mit all den Gefühlen
die Berührung benötigen?

Ich rufe in den Wald hinein,
doch kein Echo erreicht meinen Ruf.

Ein Sehnen brennt in mir.
Ich wünsche mir zu begreifen,
was ich erfahren habe.

Die Augen sind vom vielen Sehen
müde geworden.
Mein Blick richtet sich jetzt nach innen.

Spinnweben der Vergangenheit

Spinnweben der Vergangenheit
aus der Dachstube entfernt.

Staubwolken der Schwermut
aus der Alltagskleidung gebürstet.

Frühjahrsputzgedanken angesetzt.

Warteschleife brotloser Zweifel
mit der Hoffnungsschere gekappt.

Narrenkappe aus zweiter Hand erworben.

Verdorbene Brotkrumen entsorgt.

Beschauliche Weitläufigkeit
der Erleichterung genossen.

Dein erträumtes Gesicht
in den Wechselrahmen des Seins
projiziert.

Wartezeit wird mit erfülltem Leben
überbrückt.

Gedankensteine

Ich habe meine Gedankensteine
ins Meer der Zeitlosigkeit geworfen
und sah die Fische der Erkenntnis
vorüberziehen.

Am Ufa sitzn

Am Ufa sitzn,
ins Wasser neistarrn.
Voglstimma hern,
oda bessa Vögl singa hern.
Laubraschln,
na ned as Laub raschln hern,
sondan an Wind hern,
wia er mit de Blattl spuit.

Imma no ins Wasser neistarrn.
De Battl ziang Kreis.
De Blattl foin von de Baum oba,
lautlos oda mit vui Krach,
wenns in a Schuif nei foin.
Wenns ins Wasser nei platschn,
dann ziagns Kreis.
Manche schwimma an da Oberfläch.
De andan genga unda,
sang und klanglos unda.

Und imma no ins Wasser neistarrn.
Nix spian, außa endlosn Friedn.
So wia wenns Niemand mehr gem dat,
koan andan Plotz auf dera Weid,
wia wenn de Weid der Plotz war
und du ois auf dera Weid.

Ins Wasser neistarrn
und aufn Grund sehng,
aufn Grund von da Seel.

Nach oana Zeit,
hob i mir denkt:
Bin i froh drüba, dass Niemand

irgendjemand erlaubt hod,
den Plotz für sich zum ham.

I mächt ned wissn,
wia vui soichane Plätz das gem hod,
bevor da Mensch gmoand hod,
er miassad soichane Plätz
für sich bhoidn
und dann schena macha.
Irgendwann hod a dann einfach übaseng,
dass der Plotz des gor ned wui.

Ja, dass da Mensch sie den Plotz einfach gnumma hod.

Und einfach,
ja gorned auf de Blattl,
auf de Fisch,
auf des Wasser,
auf des Gros,
auf de kloana Hoim,
auf de ganz gloana Viehcherl gacht hod.

Er is einfach mit seim großn Fuaß drauf gstieng.
Wia wenn er koan Respekt ghabt häd.
Einfach so...

Jedes Wort wird do dortn an dem Plotz zum Schrei.
Es is wia wenn jemand de ganze Ausstrahlung,
de ganze Faszination, den ganzn Plotz mit
oam Wort kaputt macha dat.
Und dann de Tütn und Schachtln rundrum.

Auf oamoi hob i´s gspieart
as ganze Leben gspieart,
an dem Ort der wia vazaubat is.

Wia wenn jemand
sei ganzes Leben lang
nix bessas zum doa ghabt hätt,
ois sein Farbkastn auf zum macha
und nur an dera Stei zum moin.
Farb hischüttn,
Konturen zeichnen,
Leben nei bringa.
Wia wenn des da ganze Lebnsinhoit
von irgendjemand gwesn war.

Ins Wasser neistarrn,
doch des ausnrüba
bleibt a ned unsichtbar.
Ma siegt de Zivilisation,
in weggschmissene Colabüchsn und Kippn.

I häd am lieabstn gwünscht,
i kannt für imma an soam Plotz bleibn.
- oda Imma war so a Ploatz -
De Zeit... do dortn war
ewig, oda endlos, zeitlos,
ja de Zeit war zeitlos.
Und i bin mittn in dem Meer
von Zeitlosigkeit drin gsessn.

I war friedlich, innerlich friedlich.
- voi Friedn -
Und i hobs, ja i hobs akzeptiern kenna.

Dem der do sein Farbkastn ausgschütt hod,
dem mächt i dankn.
I hoff, dass mehra soichane irgendjemand gibt,
de irgendwo ehnare Farbkästn ausschüttn
und mit ehnara Zeit wos zeitlos macha
für andere.

Schneckenhaus

Ich atme tief

Ich wohne nicht mehr im Schneckenhaus

Sternenstaubdurchzogene Nachtfedern
glitzern im Fluss der Möglichkeiten

Trägwindig schwappt der Abend
durchs Fenster von Utopia

Nachtblaue Aussichtspunkte

Ich hänge das Schäm-dich-Kostüm
an den Nagel der Vergangenheit.

Bewegt

Wortblasen gefüllt mit Gefühl.
Schattenwelten gezeichnet auf Papier.
Traumzeiten bewegen die Welt.

Schwimmflügellos im Zeitenmeer.
Lichtfedrig im Sog des Seins.

Der Normalität entledigte
Entwicklungsmöglichkeit.

Windgetragene Seinsform.

Wesentliche Begegnungen.

Papageienvolk

Buchstabenschlangen - bitte folgen

Zahlenketten - bitte logisch

Phantasiefarben - unlimitiert

Profillosigkeit - leider

Gedankensuppe - endlich

Erfolglosigkeit - genau

Lebenslustig – jetzt

Wer immer in Eile fragt, läuft schneller,
als die Antwort fliegen kann.

******

Turbulente Fahrten enden
auf dem Grund.

Auf dem Boden der Realität
herrscht Ruhe und Klarheit.

Apfelbäume träumen wieder

Apfelbäume träumen wieder
Mein Sinn hat sich entleert

Formfäden ziehen vorüber

Das Trinkwasser entspringt der Quelle
Ich konsumiere es in kleinen Dosen
Teelöffel eignen sich sehr

Im Keller stapeln sich meine Träume
Mit dem Staubwedel in der Hand
verschaffe ich mir Klarheit.

Melodieflügel

Trag mich weiter
auf deinem Melodieflügel
durch den schwarzen Nachthimmel
meiner Angst.

Verschiedene Graustufen
durchziehen meinen Gedankenhorizont.

Überreife Gedankenwolken schauern
im leichten Nieselregen auf mein Gemüt.

Ich höre mein Herz schlagen.
Ruhig und beständig flüstert es
- leben, Leben Form geben -

Unter Verschluss

Die Akte ist verschlossen.
Darauf geben sie dir Brief und Siegel.

Sie lassen sich nicht gern
in die Karten blicken.

Sie wollen, dass du weiter schläfst.
Dein Erwachen bedeutet Gefahr für sie.

Was willst du jetzt machen?

Fordere keine Akteneinsicht!

Schau ihnen einfach in die Augen.
Darin liegt der Schlüssel zur Wahrheit
und nicht in einem Stapel geheimer
Papiere!

Morgengemüt

Sonnenstrahlen benetzen mein Morgengemüt.

Eiligen Schrittes gehe ich über Gras und Stein.

Habe Angst, den Tag zu versäumen.

Versuche Halt zu finden im Echo
meiner Schritte im Frühtau.

Spüre deinen wärmenden Blick
auf meinem geöffneten Herzen.

Zeichne Noten des Übermuts aufs leere Papier.

Melodie - Harmonie

Ein paar Meter noch, so werde ich
wieder die Welt betreten.

Seelenlandschaft

Zersplitterte Seelenlandschaft
geheilt in einer Vollmondnacht.

Windgepeitschte Schmerzensbilder
im Spiegel der Gegenwart verbunden.

Traumentkorkte Inselwelt der Einsamkeit
wohlbehütet im Weltenmeer.

Überlebte Gedankenlosigkeit befreit
im grenzenlosen Frieden der Zeitlosigkeit.

Wunder

Häuser sind farbenfroher.
Blicke haben eine andere Sicht,
seit ich in deine Augen sah.

Dein Lachen ist in jedem Grashalm.
Der Wind bewegt die Bäume und die Wiesen.
Überall ist deine Stimme zugegen
und bewegt mein Herz.

Für meine Seele bist du
ein großes Geheimnis und ein offenes Buch
zugleich.

Die Sehnsucht macht mir das Warten schwer.
Gleichzeitig erfüllt mich mein Warten.

Windfühlige Einsamkeit

Windfühlige Einsamkeit

Wartende Ausgeglichenheit

Verdichtete Realität

Ruhender Gegenpol

Nachtgeschwärzte Wahrheit

Erwachte Unendlichkeit

Erinnernde Wahrhaftigkeit

Abflugbereite Lebenslust

Autopilot

Schreifarben der Trostlosigkeit
herausgelacht.

Blumenbeete der Traumlosigkeit
entlaubt.

Zeitgefärbte Nahfühligkeit
im Sturmglas befreit.

Funktionalgesteuerten Autopilot
der Sicherheit deaktiviert.

Feinfühlige Dünnhäutigkeit
an den Tag gebracht.

Tränen über mich selber gelacht.
Endlich aufgewacht!

Konzert

Jedes deiner Worte hat Gewicht.
Es ist wie ein Fingerdruck
auf den Tasten des Klaviers.

Mein Herz vernimmt deine Melodie.
Meine Seele erklingt im Duett.

Werden wir je ein öffentliches
Konzert geben?

Meiner Seele ist es herzlich egal.
Sie übt die Partitur,
denn es wäre ja möglich.

Bitte warten

Wer würfelt mit den Wolken?
Wer spielt mit dem Sonnenstrahl?
Es ist dein überfließendes Herz!

Wer lacht gegen den Nordwind?
Wer singt ohne Regenschirm?
Es ist deine Zuversicht!

Watteweiche Wolken
gespickt mit Fakirnägeln
durchziehen mein Zeitfenster
der sehnsuchtsvollen Warteschleife!

Bitte warten, sie werden verbunden!
Wird meine Seele deine erreichen?

Webmuster

Die Katze gebürstet
Die Topfblume gegossen
Die eigene Seele vergessen

Gedanken wehen herein
durchs nächtliche Dunkelblau

Weben müsste man können
am Webmuster der Zeit
schießt es durch meinen Kopf

Ich koche mir einen Kamillentee.

Perspektivwechsel

Wenn Tränen sich in der Unendlichkeit verfangen,
dann weben sie ein Netz der beständigen Angst
im Meer der Dunkelheit.

Wenn deine Gedanken an mich
meine Tränen trocknen und meine Seele umarmen,
dann weine ich hemmungslos in deiner Geborgenheit.

Wenn alle meine Tränen geflossen,
dann entschleiert sich mein Blick. Der Vorhang öffnet sich.
Perspektivwechsel!
.

Flügelfedrige Realität

Flügelfedrige Realität

Engmaschige Seelenlandschaft

Schattenspendende Trostlosigkeit

Wolkenumzäunte Ungebundenheit

Schwammhafte Bezogenheit

Leuchtturmverlassene Inselwelt

Energieverschlingende Monstermaschinerie

Bausparende Heimatlosigkeit

Wellenschäumende Neulandigkeit

Ich schlafe in allem Sein.
Ich wache in meinen Träumen.

Die Traumzeit hat begonnen.
Ich schöpfe neues Leben
aus den Wolken.

Frühling

Der himmlische Kuss
erweckt die Welt
zu neuem Leben.

Der kalte Winter ist vorüber.

Der Farben Zauber berührt die Erde.

Das Wunder Leben
gießt erneut sein Füllhorn aus.

Lasst uns die Flügel spreizen
und aufsteigen in das weite Sternenzelt.

Das Leben feiert ein Freudenfest.

Gedankenkreise

Gedankenkreise ziehen übers nasse Gras.

Erdenschwer lausche ich deinem warmen Lachen.

Es gurgelt und gluckert in meinen Ohren
und kitzelt mein Herz.

Die Schwermütigkeit
einsamer Nächte niese ich heraus.

In die weite Stille meines Wartens
tropfen bunte Noten meiner Phantasie.

Die Stadt hatte keine Tore

Die Stadt hatte keine Tore.

Die Häuser keine Fenster
und auch kein Licht.

Ich schlich in der Dämmerung hinaus
und sah keine Wege.

Ich stolperte Schritt um Schritt.

Die Lieder der Vögel
waren gedämpftes Geräusch.

Ich stieß an Ecken und Kanten.
Ich schürfte mir meine Ellbogen und Knie auf.

Eine morsche Holzpforte öffnete sich
und ich trat hinaus ins Licht.

Die Sonntagsgamaschen hängen am Weinstock

Die Sonntagsgamaschen hängen am Weinstock.
Lässig vom Gedankenwind herbei geweht.

Du schlägst die Augen nieder,
da die Mittagssonne deine Augenblicke
in die Knie zwingt.

Die Zeit der Weinlese ist fast erreicht.
Der wohlbekannte Duft der Beeren verbreitet
sich zum letzten Mal über dem Weinberg.

Die Axt liegt schon bereit,
um die knorrigen Rebstöcke zu fällen.

Wirst du dann Tomaten züchten,
damit dein Herz das grenzbefreite Fliegen lernt?

Zeitfensterlose Gedankenreise

Zeitfensterlose Gedankenreise

Schmalgradige Erinnerung

Tulpenblühende Phantasielandschaft

Lautschmeckende Geschmacksverstärker

Windgeflüsterte Traumgespräche

Hüllenbelebte Weiterreise

Hereinwehende Seelenverbundenheit

Namenhaftbedingtes Farbenfeuerwerk

Buchstabenlose Kommunikationssuppe

Herzschlagende Ankunftsmöglichkeit

Vergessen

Mein Mund schmeckt nicht mehr
wie es war, deine Lippen zu küssen.

Meine Nase erinnert sich nicht mehr
an deinen einzigartigen Duft.

Meine Hände wissen nicht mehr
wie es sich anfühlt, dich zu berühren.

Jenseits dieser sinnlichen Eindrücke von dir
hat meine Seele nicht vergessen, dich zu lieben.

Eingeschneite Belagerung

Die Schneeschmelze hat eingesetzt.

Meine eingeschneite Belagerung
löst sich in Tauwasser auf.

Zart und leise bahnt das Eiswasser
sich den Weg in meine Seele.

Die erhofften - die befürchteten
Sturzbäche bleiben aus.
Mit ihnen auch mein Mitgerissen werden
in den Fluten.

Gedankensuppe

Zeitungen kommen zum Altpapier.
Erfahrungen kommen aus dem Alltag.

Kaffee tropft aus der Maschine.
Lebensfreude tropft aus dem Herzen.

Krokodile sind grün und gefährlich.
Neid macht eng und unehrlich.

Nudelsuppe kocht im silbernen Topf.
Gefühle stellen die Welt auf den Kopf.

Sand im Getriebe der Zeit

Sand im Getriebe der Zeit.

Ich halte die Uhr nicht mehr an.
Sand im Getriebe der Zeit.

Ich lasse die Zahnräder sich drehen.
Sand im Getriebe der Zeit.

Melancholie ist der Kitt meiner Seele.
Sand im Getriebe der Zeit.

Tränen weichen dem Lachen.
Sand im Getriebe der Zeit.

Sand im Getriebe der Zeit
setzt die Unendlichkeit frei.

Abflug?

Du bist Wasser auf den Mühlen
meines Herzens.

Das Lachen deiner Augen
lässt meine Seele fliegen.

Meine Seele weiß,
alles ist möglich!

Bist du bereit zu fliegen?

Fragen

Wer quält den Frosch?

Wer lauscht mit dem Ohr an der Wand?

Wen fesselt die Langeweile an den Fernsehstuhl?

Wen berührt das Leben nicht mehr mit all seinen Sinnen?

Warum stellst du dir all die Fragen?

Geh los, um dein Leben zu wagen!

Mondlied

Der Mond treibt die Wellen vor sich her.

Sie singen sein Lied.

Unsichtbare Webmuster der Zeit berühren mich.

Meine Seele erinnert sich an die Melodie.

Wellengetrieben breitet sich Verbundenheit in mir aus.

Ich lausche dem Duett der uralten Kräfte.

Ein Summen erfüllt mich mit Leichtigkeit.

Regenschirm

Du hast deinen Regenschirm mitgenommen.

Mein Gedankenregen schauert auf meine Haut.

Tränen brennen Fahrrinnen in mein Gesicht.

Dein Schweigen hallt in meinem Bauch wider.

Meine Worte an dich spielen Schlagzeug

in meinem Kopf.

Frequenz des Lebens

Entscheidet das Leben für dich,
dann klopft es nicht an die Tür.
Es stürmt herein.

Du wirst berührt.
Deine aufgestellten Regeln
treten außer Kraft.

Es rüttelt und schüttelt dich.
Langsam kehrt Leben in deinen Körper zurück,
bis du Lust bekommst mitzuspielen.

Dein Pulsschlag sucht die Frequenz des Lebens.
Er beschleunigt sich und ahnt Neuland.

Froschsprunghafte Engsichtigkeit

Feuerballglühende Vision

Weitblickende Sehnsucht

Unverwirklichte Lebhaftigkeit

Sturmgebundene Flügellosigkeit

Appetitfressende Essbarkeit

Barfüßige Uniformlosigkeit

Schnellstraßenentfernte Flugschneise

Sonnenfüßige Flugbegleitung

Flügelrauschende Sinnlichkeit

Meer der Normalität

Entrückte Räder - Farbblasen gären
im Meer der Normalität.

Windschnittige Andersartigkeit
tanzt auf dem Wellenkamm.

Tiefsitzende Atemlosigkeit
explodiert im tonlosen Raum.

Zeitfallen schnappen zu!

Welle bricht!

Aus den Haaren tropft
die Verständnislosigkeit
mit weit geöffneten Augen.

Wer sagt dir...

Wer sagt dir, dass Frösche
nicht fliegen können?

Weshalb sollte der Bergsee
nicht in leuchtendem Violett daliegen?

Wer sagt dir, dass wir nicht schon
längst abgereist sind?

Warum sollten wir nicht Schwimmflügel
überstreifen und den Sprung wagen?

Mitten hinein ins Meer
der unbekannten Möglichkeiten!

Sortiment

Auf Rosen gebettet
ist aus dem Sortiment.

Frühlingsflügel
sind noch nicht im Angebot.

Mein Herz ist nicht mehr tot.

Wäre der verkaufsoffene Sonntag
eine Möglichkeit zur Wiederbelebung
meiner Selbst?

Rosen aus Papier

Rosen aus Papier
blühen nicht
verwelken nicht
brauchen kein Wasser

Rosen aus Papier
duften nicht
haben keine Dornen
sterben nicht
haben nie gelebt
kennen nur diese eine Dimension.

Lebenswind

Setz dich auf eine Wolke.
Treibe übers Meer.

Ruhe deine müden Glieder aus.
Vertraue darauf, dass der Lebenswind dich trägt.

******

Ich bin ein winziger Tropfen
im Gezeitenmeer.

Das ist okay,
denn ich bin!

Zugvögel

Dein Herz hat aufgehört zu schlagen,
doch deine Liebe sie ist hier.

Du bist in einer anderen Dimension,
wir sind verbunden über alle Zeit.

Du bist der Boden, der mich keimen ließ.

Du hast die Zeitlinie überschritten.
Ich ziehe weiter mit den Gezeiten.

Dein Lachen bewahrt in meiner Seele.
Deine Weisheit widerhallend in mir.
Deine Güte und Wärme
als Geschenk im Gepäck.